QUADERNI DELLA FENICE

In copertina: *Notturno con fanciulla*, dipinto © Giosetta Fioroni
Fotografia dell'opera di Giuseppe Schiavinotto
Grafica: Luigi Altomare/*the*World*of*DOT
Progetto grafico: *the*World*of*DOT

ISBN 978-88-235-2652-5

Gruppo editoriale Mauri Spagnol
www.guanda.it

JHUMPA LAHIRI

IL QUADERNO DI NERINA

UGO GUANDA EDITORE

IL QUADERNO DI NERINA

(presentato da Jhumpa Lahiri
con la collaborazione di Verne Maggio)

Prefazione

Circa sette anni fa mi sono trasferita in una casa romana dove vivo tuttora, sebbene sporadicamente. L'appartamento era già arredato e una volta entrata ho fatto spostare l'antica scrivania che stava nel soggiorno dentro la stanza che avevo scelto come studio – originariamente una sala da pranzo – posizionandola sotto la finestra.

È un mobile imponente con un ripiano alto. La vasta superficie consiste in un grande rettangolo di cuoio incorniciato da un bordo di legno. Questo tappeto nero mi pare un quadro astratto con il dettaglio dissonante di uno stencil in foglia d'oro tutt'attorno. Con gli anni il legno si è schiarito e il cuoio è ormai butterato e scorticato dall'uso.

Sotto il ripiano ci sono tre cassetti in legno laccato, uno ampio e due più stretti a ogni lato. Al posto dei pomelli ho trovato solo serrature incastonate in placche decorative di ferro, traccia di una lavorazione d'epoca ora fuori moda. Purtroppo la placca del cassetto centrale si è staccata chissà quando, per cui si vede solo un cerchio bruttino, ricavato sgraziatamente, dentro il quale la serratura è infilata all'indietro, e fa capolino come fosse un po' schiva rispetto alle sue vicine.

Una chiave attaccata alla serratura nuda e malmessa al centro apre tutti e tre i cassetti. Ciascuno è foderato con carta fiorentina gigliata in verde. Stavo per appropriarmi della scrivania, cioè per mettere alcune mie cose lì dentro, ma quando ho aperto i cassetti ho scoperto che quei begli spazi chiusi custodivano, in fondo, ancora qualche oggetto.*

C'erano dei francobolli in una busta trasparente (compreso uno timbrato e ritagliato dalla busta con un disegno di Filippo Tommaso Marinetti),**

* Ho fatto subito un elenco di questi oggetti prima di restituirli alla padrona di casa. Dopo averli tirati fuori li ho sistemati sul divano e li ho fotografati. Volevo ricordarli, non so perché.

** Filippo Tommaso Marinetti (1876-1944) è nato ad Alessandria, in Egitto, ed è morto a Bellagio. Fondatore del movimento futurista, scrisse le prime poesie in lingua francese.

una chiave verde, un piccolo dizionario greco-italiano pubblicato nel 1962, spille, temperamatite, una scatola di fiammiferi piena di perline di plastica, un gancio per lavorare all'uncinetto, due bottoni, una conchiglia, una tabella per convertire lire in euro, la pagina « A » (in bianco) di un indirizzario, una dettagliata dieta per dimagrire scritta a mano da un medico, cartoline varie mai spedite, biglietti affettuosi regalati da due fratelli ai loro genitori, diverse preghiere, e un taccuino intero dedicato ad appunti su *Il corvo* di Poe tradotto dall'inglese da Vito Domenico Palumbo.*

Fra tutti questi oggetti c'erano anche due foto, entrambe allegre. Una mostrava otto persone a tavola – più o meno delle stesse dimensioni della scrivania – che facevano un brindisi. L'altra ritraeva tre donne in piedi, sorridenti, davanti a una finestra. Tutte e tre si appoggiavano leggermente sul radiatore** montato sotto la finestra alle loro

* Vito Domenico Palumbo (1854-1902), poeta e studioso poliedrico e autodidatta. Dedicò gran parte della vita alla registrazione e allo studio del patrimonio linguistico e culturale della Grecia Salentina. È nato e morto a Calimera.
** Un vecchio termosifone, non si tratta di un anglicismo.

spalle. La prima, che non guardava l'obiettivo, aveva un orologio al polso, un abito scuro a fantasia floreale e una collana di madreperla. Quella in mezzo, in un abito chiaro, appoggiava una mano languida sul braccio della prima. Il suo volto era illuminato dal sole per cui non si capiva bene né la sua espressione né che cosa guardasse. La terza donna portava una bandana in testa e aveva un paio di occhiali da sole in mano. Anche lei non guardava verso l'obiettivo, ma in un'altra direzione. Erano molto vicine, strette, e nonostante ognuna avesse lo sguardo rivolto a una diversa prospettiva ho percepito una catena di affetto e di grande solidarietà tra di loro. Al di là della finestra c'erano alberi, tra cui alcuni pini. Le tre donne erano tutte rilassate e la scena mi pareva ambientata in una splendida giornata di domenica, in estate, in qualche posto fresco, tra amiche, oppure tra cugine o sorelle.

Infine, organizzati e accatastati nei cassetti della scrivania, c'erano quaderni di vari tipi e colori, tra i quali uno fucsia con il nome «Nerina»*

* Nerina non ha cognome. Il suo appellativo deriva dal latino *Nereina* tratto dal greco *Nereine*, cioè una Nereide,

scritto a mano, a biro, sulla copertina. Il «quaderno di Nerina» era pieno di versi inediti, e la grafia mi pareva di una persona sola. L'io narrante delle poesie – una donna sposata, una madre, una figlia – sembrava avere tre anime. Non capivo se Nerina fosse il nome dell'autrice, o di una destinataria, oppure una musa, o semplicemente il titolo attribuito al testo. In ogni caso, mi chiedevo se la donna in mezzo alle altre due nella foto, con l'espressione quasi cancellata dal sole, non fosse lei.

La mia curiosità è aumentata considerevolmente quando ho saputo, sempre nel 2012, dell'esistenza di un altro quaderno autografo, proprio dallo stesso titolo, nell'archivio di Elsa Morante alla Biblioteca Nazionale di Roma. Pare

ninfa marina della mitologia greca. In Sicilia è il diminutivo del nome *Venerina*, associato all'aggettivo «nero» per tradizione popolare. Tasso, nel 1573, conferisce il nome a un suo personaggio dell'*Aminta*, e Leopardi la canta nelle *Ricordanze* del 1829, figura pare ispirata da Teresa Fattorini o Maria Belardinelli, entrambe morte in giovane età. Su Leopardi vedi p. 188 del testo. Bisognerebbe segnalare anche Neera, pseudonimo della scrittrice Anna Maria Zuccari (1846-1918), le cui numerose opere hanno affrontato la vita e la posizione sociale delle donne.

che la grande scrittrice romana avrebbe voluto scrivere un romanzo intitolato *Nerina* – un progetto iniziato nel 1950 e abbandonato dopo alcuni mesi.* Possibile che la donna misteriosa nella foto fosse stata influenzata dall'autrice di *Menzogna e Sortilegio* e *L'isola di Arturo*, cresciuta fra l'altro a due passi da casa mia a Roma? Aveva, quel quaderno manoscritto di Elsa Morante, a che vedere con l'altro custodito nel cassetto? Come chiosare la sintonia del titolo identico?

Dopo aver letto varie volte il contenuto del quaderno scoperto a casa mia sono arrivata alla conclusione che questo progetto era un testo a sé, da valutare autonomamente, e che il nesso con Elsa Morante, per quanto fascinoso, sarebbe stato una falsa pista da seguire. L'ho consegnato quindi a Verne Maggio, una persona che conosco bene e che si occupa, come studiosa, della poesia italiana,

* Perfino nel 1952, in un trafiletto dell'*Unità*, Elsa Morante parlava del suo desiderio di realizzare un romanzo di nome Nerina, i cui protagonisti, Andreuccio e Giuditta, sono stati inglobati alla fine nel lungo racconto « Lo scialle andaluso » pubblicato per la prima volta su *Botteghe Oscure* nel 1953.

perché ne producesse un'edizione critica commentata sotto la mia supervisione. Qualche osservazione di Verne si trova qui di seguito. Le sue note alle poesie invece sono riunite in fondo al volume.

Jhumpa Lahiri, Roma, 13 agosto 2019

Ipotesi per una cronistoria

L'impressione è che Nerina sia un'autrice vissuta a cavaliere fra il Ventesimo e il Ventunesimo secolo, sicuramente a Roma, ma che non sia di madrelingua italiana – le poesie sono piene di lapsus lessicali che un italiano monolingue non potrebbe concepire. I testi di questa raccolta mostrano chiaramente che Nerina ha viaggiato a Calcutta, trascorrendo verosimilmente lunghi periodi della propria infanzia lì, mentre da adulta ha visitato la Grecia, la Sardegna e il deserto nei pressi del Mar Morto. Ha girovagato per una serie di città italiane tra cui Napoli, Venezia, Bologna e Siena. Ha vissuto almeno una porzione della vita negli Stati Uniti, con soggiorni a Boston e a Brooklyn. La toponomastica che ricorre nei testi suggerisce una dimora fissa a Trastevere, il tredicesimo rione di Roma. Ha almeno una sorella, forse una delle donne nella foto, e parla una lingua diversa dall'italiano e dalla propria abituale con la famiglia di origine. Quale? Persiano? Portoghese? Bengalese? Difficile dirlo con certezza.

Anche la madre di Nerina poetava, mentre il nonno e lo zio evocati nel testo erano pittori. Nerina stessa tende a identificarsi come casalinga e scrittrice al contempo, nonché come straniera. Un forte legame biografico con il mare emerge dalle poesie, che restituiscono anche una donna amante dei bar – soprattutto il Bar Glorioso.* È facile speculare, in base alle memorie testuali che costellano la raccolta, che la sua formazione comprenda studi classici e una partecipata lettura di Yates, Dante e Ariosto. Il rapporto col lessico è viscerale: avrà forse studiato più di una lingua straniera oltre all'italiano e all'inglese, nonché, quasi certamente, filologia. Evidenti gli studi con il poeta portoghese Alberto de Lacerda, chiaramente ricordato in un componimento. Quasi impossibile

* Caffè romano sul Viale Glorioso, nei pressi della scalinata trasteverina che conduce a via Dandolo. L'autrice, pur sovente stupita dal contesto romano descritto nei versi, è evidentemente familiare col quartiere.

determinare, pur incrociando i dati con quelli biografici dell'artista lusitano, se tale sodalizio abbia avuto luogo a Boston o a Londra. Fra le strutture che appaiono nelle poesie, oltre alle case varie di Nerina, si contano una serie di aeroporti e ospedali. Fra le ricorrenze tornano spesso feste, festicciole e compleanni, non di rado forieri di angosce. Non è questa la sede per una lettura psicoanalitica dei suoi versi, e tuttavia, in quanto commentatrice, non posso non notare una insistita preoccupazione per i significati dei sogni e dei presagi.

Il marito di Nerina si chiama anche lui Alberto e la coppia sembra aver avuto due figli: Octavio e Noor. Entrambi devono essere cresciuti, almeno parzialmente, in Italia, malgrado i nomi suggeriscano altrimenti. Quello del figlio, pur radicato nell'onomastica latina imperiale, ha forse a che fare con Octavio Paz.

Noor potrebbe invece essere una variante del nome dell'autrice stessa, Nerina. Tuttavia, di origine persiana, l'appellativo vuol dire « luce ».

Nota al testo

Il quaderno è un Monocromo Pigna «Made in Italy» a quadretti, formato 15 x 20,3 cm, di 80 pagine. Il *verso* della prima pagina contiene un elenco di tre parole: peripezie, favelle, perituro* – forse ipotesi di titolo. Le poesie sono tendenzialmente manoscritte in inchiostro blu o nero e sono separate, di solito, da un asterisma. L'inchiostro blu pare quello di una penna stilografica. Alcune poesie abbozzate in blu sono poi rivisitate e modificate in nero e viceversa: non è possibile dunque stabilire una precisa cronologia delle campagne correttorie a partire dai due diversi inchiostri. La mano, tuttavia, è la medesima. Ogni poesia mostra numerose cancellazioni e correzioni autografe. Le varianti sono talvolta soprascritte a

* Forse è qui attiva la memoria di questi versi montaliani:

Poiché la vita fugge
e chi tenta di ricacciarla indietro
rientra nel gomitolo primigenio,
dove potremo occultare, se tentiamo
con rudimenti o peggio di sopravvivere,
gli oggetti che ci parvero
non peritura parte di noi stessi?

margine, quasi sempre a sinistra, da fondo a cima. Ci sono diverse frecce, e alcuni versi e/o titoli sono graficamente inquadrati, cioè evidenziati a mano. L'interpretazione di questi segni, secondo una diligente filologia d'autore, ha determinato i testi della presente edizione unitestimoniale, da considerarsi *ne varietur*. La datazione autografa delle poesie, pur offrendo dati utili a stabilire l'ordine dei componimenti, appare discontinua: ogni tanto l'indicazione cronologica compare all'inizio del testo, ma diverse poesie ne sono prive. In ogni caso, la prima data è 22 novembre, l'ultima è 2 marzo. Tutte le poesie del quaderno sembrano comunque scritte nel giro di un anno, forse meno, lungo un'introspettiva traiettoria diaristica di serrata produzione. Sulla pagina a fronte della poesia del 10 gennaio è incluso un ritaglio di giornale con la foto di tre vigili del fuoco a bordo di un gommone da soccorso sul Tevere.* Il componimento che chiude la raccolta, scritto a matita, si trova nell'interno della copertina. L'ultima facciata a quadretti contiene invece un secondo elenco,

* Vedi p. 61.

di questi nomi: Sereni, Caproni, Fortini, Giudici, Zanzotto, Dario Villa, Rosselli, Pavese, Bassani.

Bisogna precisare al lettore che la struttura di questa edizione è il risultato della mia organizzazione del manoscritto. L'ordine originale delle poesie nel quaderno è ben distinto dalla versione che ho preparato per la pubblicazione. Nel leggere, studiare e trascrivere il testo ho osato raggruppare le poesie in sezioni diverse, perfino intitolandole. Le sezioni corrispondono a un mio parere intorno a certe chiavi tematiche utili all'apprezzamento di quest'opera. Trattandosi di una mia interpretazione critico-filologica, spero di non aver snaturato troppo le intenzioni dell'autrice.

Verne Maggio, PhD

Bryn Mawr, Pennsylvania, 4 febbraio 2020

IL QUADERNO DI NERINA

DAVANZALE

Appoggiare il mazzo
di chiavi senza
le quali normalmente
non potrei vivere

sul davanzale bianco
freddo che dà su un cortile quieto, londinese[1]
insieme a tante altre finestre.
Vederle giacere senza
senso la mattina, quando mi vesto.
Trascurare, anche custodire
quell'incastro sparpagliato di metallo.

Libere per un tempo anche le chiavi
dal mio andirivieni abituale
e dalla fatica
di aprire e chiudere le solite stanze.

EVOCAZIONI

Sparizioni

I.

Sabato mattina al mercato di Pimlico
l'anello nero di Noor selezionato
sotto la chiesa[2] rupestre di Matera
si sfila dal dito.
Restano indietro
lei, Lorenza e Sebastiano
a cercarlo sui marciapiedi
immacolati.
Rientrano amareggiati
col passeggino carico di spese
a raccontarci la sventura.
Lutto momentaneo:
è stato ritrovato da Alberto
tra le verdure da cuocere
in una delle buste trasparenti.

Così spunta un giorno, nel soggiorno romano
un mio astuccio d'oro in cui tengo
le matite e il caricatore da portare in giro.

Temevo di averlo lasciato
in biblioteca sul tavolo di vetro
su cui lavoravo.
Niente di prezioso
a parte il ricordo di quell'oggetto
regalato da Caterina a Bologna
in un negozio confuso.

Sono cose che si celano
per un motivo o l'altro, che sfuggono
per un certo periodo,
spostandosi nella stessa stanza,
tormentandoci. Cose
peregrine, spinte
come foglie cadute
o la sabbia dal vento.
Movimento casuale o malefico?

Esempio acuto:
il mese in cui ho assemblato[3]
per i tredici anni di Noor
non sta più appoggiato contro
i libri in camera sua.[4]
Via la poesia frivola
composta in testa in piscina

(*né diamante né perla*
più preziosa di te figliola mia).

Una sera mi accorgo dell'assenza
dopodiché dare la buona notte a mia figlia
diventa una prova.
Fisso solo lo scaffale dove abitava
chiedendomi mille volte dov'era.
La mattina dopo lei va a scuola
voglio smontare tutta la stanza,
infilarmi dentro le pareti, sotto i tappeti.
Inserisco le dita nello spazio
stretto e scomodo
specie di cofanetto
attorno alla porta scorrevole
una delle infinite sedi infernali
che avrebbe potuto divorare
quel pezzo di carta.

La vera tragedia
dopo aver chiesto alla signora
polacca delle pulizie
e ad Alberto di cercare
dopo aver aperto e chiuso ogni suo libro
scorrendo e scuotendoli

dopo aver escluso l'ipotesi del ladro
e anche del diavolo è temere
che mia figlia abbia distrutto
o buttato via quel segno d'affetto
senza dirmelo.
Ricordo di essere in lacrime
in macchina paralizzata
incapace un venerdì pomeriggio
di fare la spesa.

Aspetto parecchio
prima di desistere.
Poi un giorno rientrando a casa
Noor mi saluta sotto il portico
dietro gli iris alti quanto lei
e dice *guarda che c'è*
sulla tua scrivania.
Era tornato come un gatto
dopo un girovagare notturno
con la bocca insanguinata.
Ma in realtà stava sempre lassù
nel regno scompigliato
di mia figlia messo da parte
da lei stessa, sbadata.
Appena ritrovato l'aveva portato giù

nel mio studio appoggiandolo
sulla superficie di legno chiaro
dove lo scorso novembre
ero presa dai miei ritagli.[5]

Come festeggiare la ricomparsa?
Nessun sollievo,
anzi, ho capito in un lampo
di non aver mai regalato
quell'oggetto veramente
a mia figlia.
Anche lei lo sapeva
perciò quel gesto
maturo al rovescio:
pensiero materno
di cui avevo bisogno io.

II.

Ma torniamo alle prime perdite,
entrambe vicende
al di là della memoria,
due scene che riguardano
la mia infanzia.

La prima in treno:
bambola inglese con cui giocavo contenta
attraversando l'India da Bombay a Calcutta[6]
in luglio a due anni, accaldata, mezza nuda.
Ero andata con mia madre che stava tornando
euforica alla sua città per la prima volta.
Fermate in qualche stazione, secondo lei,
ho visto una bambina sul binario – chi era? c'era?
e all'improvviso ho allungato la bambola tra le
sbarre
del finestrino verso quell'amica estranea.
E lei, felicissima, l'ha tenuta.
Qui mi soffermo. Ero tranquilla, decisa come
Lila?[7]
Oppure sconsolata quando il treno è ripartito?
Che cosa mi fa inceppare ancora?
La bambola regalata inconsciamente,
o il mio rifiuto di possederla?

La seconda vicenda sempre in viaggio,
in partenza, in arrivo per Calcutta.
Altro anello d'oro sfilato dal dito
all'aeroporto di Boston, 1972.
Anno annerito, scena raccontata
migliaia di volte da mia madre

innestata nella memoria,
episodio palinsesto inciso dall'ascolto:
la ricerca accanita dello sventurato
addornamento,[8] amici che guardavano
in vano[9] sotto le poltrone e fra
le valige[10] in quell'ambiente apolide.
Com'era la mia mano a cinque anni?
L'episodio è diventato il prologo
alla perdita inaspettata
del mio nonno materno
che ci aspettava incorniciato
e appeso alla parete.

Non ricordo di aver seguito
mia madre che non stava nella pelle,
che correva fino al terzo piano
sentendosi di nuovo figlia,
ancora ignara, si è fermata un secondo
per togliersi le scarpe.
L'aspettavano i tre fratelli calvi
già dieci giorni dopo i funerali,
mia nonna ancora donna, sui quaranta,
vestita di bianco.
Scena madre silenziosa.
Nella sua interpretazione

è stata la scomparsa dell'oro
all'aeroporto
a pronosticare la tragedia,
scomparsa che (com)porta sfortuna nella sua
testa.
In ogni versione quindi sono rimasta
il punto focale della sciagura
benché mio nonno in quel momento
disgraziato se n'era già andato.

III.

La foto dell'attore in bianco e nero
è stato un furto a casa dei miei,
nella stanza nella quale si svolgeva tutto.
Avevo portato una domenica per la prima volta
un mio fidanzato.
Pagine sparpagliate del giornale,
atmosfera nervosa.
Sfogliando il supplemento domenicale
pensavo di strappare l'immagine
di un uomo bellissimo adorato
da adolescente, seduto seducente in un angolo.
Ma prima di spostarci a tavola

la pagina non c'era.
Quanto ci ho messo per accertare,[11]
per fregare ogni foglio tra le dita?
Alla mia domanda – ma dov'è andata?
– nessuno ha risposto, nemmeno proposto
un'ipotesi.
Capisci in una situazione del genere
il terrore della solitudine.
Abbiamo pranzato,
abbiamo svicolato,
mia madre aveva cucinato troppo.
Solo io intenzionata
a indagare il mistero
per conto mio fino in fondo.
In biblioteca quindi, a Boston,
un sabato pomeriggio assolato
dopo il consiglio di un mio amico poeta
l'unico ad ascoltarmi
sono scesa a scorrere la versione archiviata
della rivista, per dimostrare a me stessa
di non essere fuori di testa.
Niente stupore arrivare all'attore
che permaneva su microfilm,
solo la lucidità di non essere stata amata.

Dopo la rottura definitiva
mi è arrivata per posta la pagina
piegata in quattro, senza nota,
strappata con una precisione sbalorditiva,
come se lui ritiratosi un attimo in bagno
avesse avuto un bisturi in tasca.

IV.

Già raccontato con esito tragico
dei bracciali dimenticati a giugno
nella vaschetta a Fiumicino
prima di imbarcarsi.
In realtà è andata a buon fine
perciò credo in Roma:
gioielli ricuperati dalla bolgia,
spediti da un impiegato a Milano e riportati
con cura dalla mia prima traduttrice
italiana, lei che mi rendeva italiana,[12]
in un marsupio attorno alla vita
mentre io ero incinta di mia figlia.

Della moneta senese
che abitava in un cassetto dietro le spalle

nello studio romano
preferisco non riparlare,
né del diamante
che ho regalato ai traslocatori
invitati alla casa di Brooklyn un sabato mattina
per portare giù un'altra scrivania più una libreria
dalla camera da letto al pianoterra,
sforzo proibito per Alberto
appena dimesso con l'impianto nel braccio:
accesso venoso in prossimità del cuore,
somministrazione di flebo complicatissima
tre volte al giorno,
pezzo duro tra di noi.

Lasciamo stare allora il rubino
dell'anello di fidanzamento
rapito dai golfini di mia madre,
cavato dai tentacoli di lana
mentre sistemavo il suo armadio,
anche l'orecchino tondo (uno solo)
caduto nel supermercato
a causa della maglia infilata per il gelo.
Altro orecchino con pietra verde rasserenante
l'ho perso credo su Viale Trastevere

mentre Francesca sistemava i miei capelli
incastrati
sotto la catenella degli occhiali, gesto intimo tra
amiche.
Ogni volta torna[13] indietro, quanto patisco
l'attimo in cui i gioielli si staccano
dal corpo.
Guardo il pavimento scolorito
in attesa di qualche scintilla.[14]

Giù per le scale
emozionata
con quattro o cinque coltelli
in mano.

Trafelata dietro la macchina
che passa sotto casa
e diffonde dall'altoparlante
un annuncio registrato
chissà quando.

Donne, è arrivato l'arrotino.
Arrota coltelli, forbici, forbicine
forbici da seta, coltelli da prosciutto.
Ripariamo cucine a gasse...

Chi guida, scontroso,
parla un altro italiano.
Occhi chiari, baffi,
viso scuro e solcato,
aspetto beduino.

Mi vede, casalinga
straniera ammaliata
da quel canto leggendario,
soddisfatta di averlo beccato.

Spiego di aver lasciato
il portafoglio in casa,
chiedo il prezzo.
Lui non risponde,
Piglia tutto poi aggiunge,
dipende.

Torno su
per i soldi
mentre lui accende
la ruota elettrica
sistemata nell'auto
e fa la molatura
stridula.

Di una banconota
da cinquanta
quel ciarlatano
non dà resto.
Restituisce le lame

che grondano
una sostanza nera
consigliandomi
farfugliante
di andare piano.

Ti ha tagliato la gola
un modo per dire
sei stata fregata
nella mia famiglia.

Sogno di trovarmi con uno
che mi ama recondito:
non ci dovrei stare,
un peccato andare.
E mentre mi affretto
mi accorgo sia davanti che dietro
al letto delle grafie alle pareti:
filo spinato sfumato, ingrandito
disegnato a carbone.

Dialogo col pescivendolo zoppicante
col passo laterale
che mi taglia due trance[15] spesse
e aggiunge il prezzemolo:
« Basta fanciulla? »
Appena ribadisco cambia il registro:
« Undici, Signora » –
e io infreddolita
tra le pozzanghere, le
creature mute contro il ghiaccio
festeggio in un secondo
tutti gli anni che finora
ho compiuto.

Una donna
in convalescenza in estate
rientrata a casa operata
qualche giorno prima
pensa alle cime degli alberi
e delle cupole che vedeva
attraverso la finestra
della clinica dove
sullo schermo enorme
vedeva anche dei tubi
introdotti all'inguine
per raggiungere il cuore.

Ad Alberto de Lacerda[16]

Caro Alberto credo
ti sarebbe piaciuta
la carta liscia e neutra
color sabbia
in cui è stato impacchettato
il tuo ritratto in bianco e nero.

Il corniciaio trasteverino
ha interrotto un altro lavoro
per accogliermi,
per selezionarti fra i tuoi vicini,
una sfilza di quadri più grandi
che probabilmente odiavi.

Ha tagliato un pezzo dal rotolo
in mezzo al tavolo,
ha piegato e chiuso, attento,
per proteggere la lastra di vetro
misurata su una tua foto;
mi ha chiesto quindici euro.

Ti sei trasformato in regalo
piatto e rigido, sobrio
destinato senza essere indirizzato
ad arrivare nel mio studio.
Tu che non sopportavi il mondo fragoroso,
tutto il superfluo.

Qui nel silenzio fulgido vedrai
il cielo romano cangiante
esteso tutto il tempo.
Ti ho appeso di fianco alla
libreria zeppa di volumi
verticali e orizzontali.

Non sorridi, non dimostri lo sguardo
di un ospite a suo agio.
Sei neutro quanto la carta del pacchetto,
le spoglie ormai, immacolate
che mi dispiace buttare via.

Perché persino
oggi mi emoziona
trascinare il dito
contro il vetro appannato?
Perché quel graffito
temporaneo sembra ancora
uno scritto proibito?
Sarà il piacere di deturpare il vago?
Segnare lo specchio umido?
Scarabocchio scivoloso
che intacca e chiarisce
allo stesso tempo.
Facevo faccine
sorridenti, cuori sbilenchi,
ghirigori giovanili,
scorci sinuosi
che precisavano, in parte,
cosa c'era fuori.
Traccia fantasma
priva d'inchiostro. Prova
che da bambina
ero indisciplinata anch'io.

Lungo Via Mazzini
mattinata tagliente
studenti che entrano o aspettano
davanti al cancello di un liceo scientifico.

Sul tram un ventenne
cappello consunto di lana
seduto con telefono, schermo acceso.
Membro tacito anch'io della conversazione,
solo che seguo solo
lui, che porta gli auricolari.
Ripresa sfocata, leggermente grigiastra.
Parla con la moglie preoccupata
e la figlia, chiede, crede
di non essere capito
«che c'è? che c'è?» nella lingua che
condividiamo.[17]
Chiacchierata dilungata piena di consigli,
osservazioni banali da coppia anche a distanza,
non manca qualche rimprovero.
Mi metto di spalle

temo di fare parte anch'io dello sfondo.
Superiamo il foro e costeggiamo il Colosseo.
Chi avrebbe detto che lui fosse già padre, marito.
« Domani non devo lavorare » dice felice prima
di scendere su Marmorata.
Lei muta, ignorante della gente tutt'attorno
e della tarda mattinata romana
in una stanza disordinata
davanti al bucato.

A letto una notte burrascosa
se passa una macchina sotto casa
entrano le ombre proiettate
dalle sbarre della finestra
che mi separa dal cielo.
Vedo un blocco di caselle
che spuntano una dopo l'altra,
amalgama fra fari pioggia e struttura.
Si trascinano in alto
sagome oblique
che passano in fretta
ingrandite e assottigliate appena gettate
ognuna, inerpicandosi, piegata su se stessa.
Mirano sempre all'angolo sgattaiolando
sopra l'armadio, verso un punto inaccessibile
in cui assentarsi.

Senza l'impalcatura via San Francesco a Ripa[18]
si allarga e si riempie di luce, svelando
per quasi un anno
le sfacciate[19] ammantate, migliorando
la prospettiva in fondo,
punto d'arrivo di de Chirico.

Arrivo digiuna alle otto del mattino
il primo giorno di primavera,
rimbambita ma senza fame per via
della cena tardi la sera prima da Chiara e Luca.
La donna seduta di là dal banco
nel laboratorio prende la ricetta, la tessera sanitaria.
Le chiedo di togliere l'emocromo, il
protidogramma.[20]
Mi dà un foglio per il prelievo, la fattura, anche
del tu,
quello brusco che punge, che funge da insulto.

Il medico taciturno (oggi al telefono) prepara
tutto in fretta:

ago, elastico, etichette.
Basta una provetta
per decifrare la babele del mio organismo.
All'uscita nella sala d'attesa
incontro una signora sui settanta preoccupata,
capi conservatori, occhiaie, sempre chiamata
Signora: ora l'impiegata, premurosa, adopera
il pronome coretto in quel contesto ematico.

A casa mi tolgo il cerotto
mica adatto per proteggere il buco
in quell'angolino umido del braccio.
È stranamente tenace, lo strappo,
la pallina di cotone un occhio
arrossato staccato dall'orbita.
Il giorno dopo, mi dà sempre fastidio.

Per creare spazio nel soppalco
per mettere via le valigie
ho portato giù indumenti eleganti
e cappelli vari della signora
a cui apparteneva una volta
questa casa, abiti lavati e stirati
adatti ad altri tempi.

Erano ancora appesi quando
ho visto l'appartamento
per la prima volta.

Ho afferrato le stampelle
scheletriche della tintoria,
sussurrava la plastica
che abbozzolava quei capi.

Pesavano più di quanto mi aspettassi,
li ho trascinati mettendo le mani
sotto le maniche
come fossero due ascelle in carne e ossa.

Ho chiamato l'ascensore,
ho aperto la cantina.
Ora giacciono nel gelo oscuro
sopra la dormeuse traballante
su cui mi sono ripresa
dopo l'intervento all'utero,
anche quello per eliminare
qualcosa di indesiderato.

In cerca di giornali a Napoli
racconto a un mio amico
la storia della pelliccia
che indosso
nonostante il caldo.
Capo di mia suocera
ereditato in lutto vent'anni fa.
Lei, in un parcheggio a febbraio
era caduta indietro sbattendo la testa.
In ospedale in una stanza offuscata
stonavano i suoi cappelli[21] arricciati,
acconciatura frivola da festa.
Ricordo di essere tornata a casa in macchina,
e di mio suocero appena vedovo che guidava
e di trovarci sempre in pianura in
«quelle ultime ore preziose
quando la tenebra
si disfa nell'alba».[22]
Quella settimana a casa sua
dedicata a diffondere la notizia
e conoscere il suo fantasma

ho saputo di un premio.
Ho scelto per la cerimonia
un abito di seta in cui lei
aveva incontrato tempo fa
il re della Thailandia.
Ho aggiunto la pelliccia
ché faceva freddo.
Armadio esteso, guardaroba esposto
che occupava più di una stanza,
era una sorta di negozio in cui frughi
mentre la proprietaria ti ignora.

Tre scarpe

I.

«Corpo con le scarpe
ripescato nel Tevere»:
titolo di un mio ritaglio ingiallito.[23]
Mi chiedo per quale motivo lo custodisca –
Per tenere in mente
un omicidio lurido che spegne
l'identità, perfino l'età,
visto che le dita di quell'uomo
senza documento, così decomposto
non lasciavano neanche le impronte?
Le scarpe da tennis
sono l'unico indizio.
Salvo e trascuro
questa notizia.
Per qualche anno scivola
di qua e di là
tra le mie carte
tra una casa e l'altra
tra Roma e l'America

come una salma alla deriva.
Dove collocarlo?
Ecco fatto, incollato
in un mio quaderno.[24]

II.

Erano scarpe gialle
carine, desiderate,
scelte e ordinate
dal vasto catalogo di Sears[25]
testo sacro consumistico
compagno mio
studiato accanitamente
quasi a memoria
per diventare come gli altri.
Quando mi sono arrivate, però,
delusione acerba.
Avevo sbagliato,
era un giallo cattivo.
Con l'idea di rovinare le scarpe
per poter chiederne altre
sono andata nel bosco di fronte casa nostra
mettendo i piedi nell'acqua fangosa

dello stagno
bistrattando quel giallo maledetto
con doppi sensi di colpa
ci sono cascata dentro avrei mentito
ai miei genitori
dopodiché
portavo tutti i giorni
scarpe non solo odiate
ma sporche, imbruttite
visto che secondo loro
mi stavano bene.

III.

Ogni taxi romano
richiama il rimpianto
per le scarpe oro
dimenticato[26] sul sedile.

Aria afosa, io stanca e scombinata,
sandali ancora ai piedi alla fine della serata.

Lui bislacco, collo massiccio,
farfugliava al telefono.

Volevo solo scendere mentre
correva verso Trastevere.

Dopo Via del Foro Olitorio
si è fermato in mezzo alla strada,
pareva sollevato di scaricarmi.

Preso il resto qualcosa
non mi tornava,
inutile tiremmolla,
lui che scansava.

Chiuso lo sportello e
saltate le strisce
sollevata anch'io
di costeggiare in pace il Ghetto,
sentimento mozzato
dal fatto di possedere
una borsa in meno
e di perdere di vista
quel coatto in un attimo.

Tradisce oppure
chiarisce le origini,
almeno l'infanzia
il modo di far vedere
i numeri con le dita.
Il mio tre dunque
crea una doppia vu
mentre quello italiano
che non mi verrà spontaneo
coinvolge il pollice.

ACCEZIONI

« Aiuole »

Raccoglie
ogni vocale.

«*Ambito*»

Compaiano[27] uno
dopo l'altro
nel vocabolario.
Solo l'accento cambia il senso,
separa lo spazio
dal desiderio.

«*Anafora*»

Chiamo chi amo
con nome inventato
anziché anagrafico.
Codice segreto
tenuto stretto
per rendere mio
quel rapporto.

« Follia »

Roma mai vista
così bella
un giorno che soffia
una nuvola lercia
dalla Salaria.[28]

«Da noi»

Vocaboli altrui siderali.
Come sarebbe invece
trascorrere almeno una
giornata con quelle
parole nelle ossa?

« Forsennato »

Forsemmorto, nel mio cervello,
sarebbe il contrario.

« Incubo »

Vuol dire non riuscire
a dire nulla a nessuno
davanti a un pericolo.
Ossia la testa piena di parole,
proteste che non escono.

« Innesto »[29]

L'ozio nel mezzo dell'adozione.

« Invidia »

Se splende il sole sul mare
dopo tre giorni coperti
di vacanza, se sono in partenza.

« Lascito »

È un parola
che mi perseguita
in questo periodo
sempre in agguato
in testi diversi.
Per evitare dubbi
confermo il senso,
ma pare troppo algida
donazione testamentaria
come spiegazione.

« *Obiettivo* »

Di raggiungere quel dopo
in calce a tutti gli sforzi,
di riprendersi perfino dalla goduria.

Di andare a letto e non pensare
a tutto ciò[30] da ritirare
consegnare imparare tollerare.

Passiamo al participio,
la pace prolungata,
la scrivania ignorata.

L'ossatura della vita una serie
di infiniti, compreso morire,
da cancellare.

« Obrizo »

Detto dell'oro
senza lega.
A me però evoca
la prosa pura
d'un chimico che sapeva
l'angoscia del domani.[31]

« Pennacchio »

Passamaniera[32] funebre,
massa scarsa per ornare
un cappello, un elmo
oppure il carro di un morto.
C'è quello di Pascoli
color rosa degli alberi.
Termine che evoca
la sparizione di tutto
la forma del fumo
anche un fenomeno
legato alle eclissi
visibile a occhio nudo.
Termine dell'elettrologia
di « carattere luminescenza »
e dell'architettura antica
per reggere una cupola,
elemento cioè di raccordo,
inoltre mostravento marino,
mazzo di stamigna,
infiorescenza maschile
in botanica.

Parola acquisita
quando noto
dopo il pranzo natalizio
l'assenza delle striscioline
di pelle che guarnivano
entrambe le cerniere
di una mia borsa verde-bottiglia.
Dettaglio distintivo,
tipo spaghetto scotto.
Si è snodato da solo da un lato
e quando me ne accorgo
è un'amica a completare
la frase, regalandomi
il vocabolo che cercavo.

« Perché 'P'iace »

Per poter(e)
pensare e parlare,
pendolare,
persino poetare.
Propria a Pessoa,
Lettera che punteggia
il titolo trittico di
Pier Paolo Pasolini.
Per purgatorio giunto
e le sette P ne la fronte
di Dante;
Paradiso che proviene
dal *pairidaeza* persiano.[33]
Purtroppo perturba e piange.
Patria mi pesa,
preferisco piazza, Porta
Portese e *portagioie*:
parola preferita.
Peccato perdita.
Mentre la parola peripezia[34]
(preferibilmente al plurale)

che vuol dire mutare radicalmente
le cose
è sbarcata in italiano
nel Cinquecento
nonostante le proteste
dei puristi.
Ah però.

« *Quadratura del cerchio* »

L'acquarello del nonno
di un arabo a cavallo di
un cammello, sognato a Calcutta
senza mai aver visitato il deserto.

Ritrovato nel soppalco sudicio,
tana di topi e di altre sue opere
tarlate, condannate, dopo che è mancato.

Portato in America, incorniciato,
appeso nel soggiorno
poco frequentato.

Invece i tre cammelli
che passano sotto gli occhi
libere,[35] vaganti, sono
più sbiadite dal vivo che
nel quadro, più miraggio che vero.

«Rendersi conto»

Il peso di Octavio
umido, appena svenuto
tra le braccia.

« Rimpianto »

Verso intatto[36]   scordato.

«Rovistare»[37]

Vuol dire cercare
dappertutto
parola attesa
a mia insaputa.

«*Sbancare*»

Quello che dice il padrone
ai due al tavolo accanto
dopo la mangiata di sabato:
ravioli trippa carciofi torta
fa il conto
chiedendo loro cosa avevano ordinato
aggiungendo *avete sbancato*.
Fa la somma sbrigativa
nei margini della grande pagina bianca
messa giù per ospitare un pasto solo.
Prima di strapparla e di
apparecchiare di nuovo
resta il saldo calcolato
in calce al vuoto.

« Sbolognare »

Pare che abbia a che fare
con la città stessa
o smodata o annichilita
invece saltabecca dall'oro falso[38]
a una specie di liberazione furba.

«Scapicollarsi»

Me lo regala il vocabolo
un amico indaffarato
che non riesce (dice)
di combinare un tubo.

« Scartabellare »

Scoperto nel romanzo prolisso
e meravigliosamente dispersivo
di Dolores Prato le cui pagine, oltre seicento,
vanno lette senza scavalcarne nemmeno una.

«*Sgamare*»

Cioè[39] che fanno
due bambini quando sanno
la madre innamorata
dopo anni di tristezza.

« Sorprendente »

Nuvola bianca vista di notte.

«*Squadernare*»

Azione legata
al mio oggetto preferito[40]
davanti alla quale mi ritrovo
a un bivio.
Si tratta della S
lettera simmetrica
che inganna,
che trasforma,
che enfatizza o
depriva una parola
con sortilegio parasintetico
dal proprio senso,
prefisso doppio e ubiquo
del tutto contraddittorio
sia positivo che negativo
per intensificare o smorzare
aggiungere, sottrarre,
snaturare, peggiorare
addirittura annientare.
Indica separazione, allontanamento!
(Smammato, stupendo.)

Squadernare, quindi,
vuol dire sfogliare un testo,
ma in modo attento o ozioso?
Anche scucire, smontare
delle pagine rilegate.
Citato nella *Commedia*
per divulgare,
cioè spiegare
nel mio piccolo
come io
voglio bene
all'italiano.

« Sbucare »

Da distinguere da « sboccare »
anche se nel Devoto-Oli
l'uno sbuca nel lemma
dell'altro.

Da ricordare grazie al piccione
che si lancia dalla fessura
nel muro alto e scabroso
un pomeriggio cheto a
Monteverde, beccandomi.

Confusione che cozza
col viso e col braccio nudo.
Il male che sfiora l'orecchio,
lo spavento e lo schifo.

All'università a vent'anni
in un'altra lingua
mi hanno colpito certe righe:
le grandi ali ancora battenti
sopra la donna che barcolla.[41]

Poesia assai sensuale
che quasi invidiavo povera Leda.

Nella declinazione banale
vissuta da adulta
l'eros non c'entra nulla,
neanche il regno divino,
solo lo squallore, la furia,
e la convinzione
prima che lui mi lascia
di essere in preda
alla mia fine.

«Svarione»

Occasioni che durano
e significano chi sono.

« Ubbia »

Voce desueta
priva di certezza.
Ribadisco
l'etimo incerto,
meglio non inquadrare
l'anima di mia madre.

DIMENTICANZE

« Le ricordanze »

Davanti al Bar Glorioso
il signore che abita al piano di sotto
si emoziona citando due righe famose
a proposito di niente:
Sarei dannato a consumare
in questo natio borgo selvaggio.[42]
Sostituisce però « borgo » con « loco »
e quando gli chiedo di chi sono
non si ricorda più, dice di dirmelo
in futuro.

Mi pare preoccupato,
ha il giornale arrotolato stretto in mano,
tiene anche un dispositivo
credo per misurare a casa la glicemia
della moglie che stenta a camminare.

Fanno delle passeggiate insieme
scendendo cautamente per la scalinata.
Vanno a fare il rifornimento di lampadine

portando come riferimento la confezione
di carta e plastica strappata.

Un giorno saliamo insieme in ascensore
e la signora dice che sono decenni
che vivono in quel palazzo
e che sono passati.

Lui mi vorrebbe far conoscere un'altra Roma
portandomi in giro raccontandomi
di Garibaldi, del tamburino.
Se vede Noor che chiama Principessa
dimostra con la mano in basso
quant'è cresciuta.

Ricordo preciso
di loro due d'estate
a pranzo in terrazza.
Sul tavolo c'erano
due bicchieri di vino bianco
e lui che infilava qualcosa,
del formaggio o del prosciutto
nel pane, gesto determinato
che sono riuscita a osservare,
dall'alto, solo un secondo.

GENERAZIONI

Il quaderno in cui mia madre
scriveva i suoi versi bengalesi
aveva una copertina gialla[43] e
abitava accanto al suo letto finché
una volta, ispirata, non lo trovava più.
Si rammaricava della sbadataggine,
anch'io sotto sotto non l'ho perdonata,
ci tenevo a sentire quelle poesie
in cui capivo tre parole
insieme a tutte le sue viscere.
Si è arresa al demonio
che sposta le nostre cose
come gli pare
ma poi un giorno
mi ha chiamata eccitata.
È stato mio padre a recuperarlo
nello studio sotterraneo,
senza neanche cercarlo.
Scantinato antipatico
dedicato ai libri respinti,
purgatorio mesto e umido.

Lì scendevo sempre con terrore,
troppo disordine, troppo passato.

Una volta, incinta, in cerca di chissà cosa
ho sbattuto la mano destra
contro una scheggia di vetro
ed è spuntato l'osso
a causa di un contenitore rotto
costruito per trasportare
una scultura delicata da Calcutta,
mai buttato via per pigrizia.
Sopra la nocca
resta la ferita.

In quella Colchide
mio padre fu un eroe
conquistando un oggetto sacro,
superando le prove,
atto che declino
in quanto affetto.

La manica della camicia da notte
regalata ieri a mia madre
scelta a Porta Portese[44]
dove pendeva
celeste
sotto la tenda cupa
attirandomi
è già chiazzata
qua e là
di sangue stinto
versato, mi dice,
mentre dormiva
dalla bocca o una narice
senza accorgersene.

Il corpo si sposta facilmente, banalmente
da un continente all'altro
e così nel giro di cinque giorni
si confondono gli anni e gli spazi
che abitavo solamente una volta.
Solo il cuore si inceppa
se apro il chiavistello testardo del cancello
e mi metto un attimo in giardino
a salutare il ciliegio parecchio ingrossato
in fioritura sempre la stessa settimana
in cui Octavio compie gli anni.
Di nuovo mi permetto un attimo
di innamorarmi della corteccia argentea
albero nostro al posto
di un ginkgo puzzolente, troppo frondoso
ereditato poi stroncato
dal nostro giardiniere un giorno
seduto in alto su un ramo, eroico
che brandiva una sega rumorosa in mano.

All'epoca in mezzo
c'era erba
anziché il pavimento duro
in ardesia
contro il quale Noor
spinta mentre giocava felice
dopo la sua settima festa di compleanno
ha sbattuto la bocca.
Noi adulti chiacchieravamo tranquilli
al piano di sopra
in soggiorno
ignari
finché lei è salita per dirmi
mi fa male.

Poi la corsa dal dentista
era una domenica tardo pomeriggio
sempre aperto essendo ebreo ortodosso
la furia e la paura
di perdere quel dente
la radice in ballo
speriamo che non si ingrigisca
le mele che mia figlia mangiava per anni da un lato
rimpianto divorante da parte mia

di aver strappato l'erba
e di aver messo giù quelle lastre
di aver cambiato troppo certe cose.

Cerco invano un modo di
ambientare un mio racconto
attorno alla piscina di Calcutta
drenata a richiesta di mia madre
al circolo esclusivo affittato
per un pomeriggio solo.

Non voleva rischiare la caduta
degli ospiti (tra cui bambini, anziani)
durante la festa che si svolgeva
sia dentro che fuori.
Diceva che non si fidava
dell'acqua profonda.

Era convinta che quel pericolo
avrebbe potuto uccidere qualcuno.
Non temeva lo sfracellarsi
nella fossa asciutta,
contro il cemento il cui impatto
sarebbe stato definitivo.

Mentre piove forte stanotte
sogno il soggiorno lungo e stretto
che contiene i mobili
dei miei genitori
con una finestra sola
la cui persiana blu
(una serie di pannelli lunghi ritrosi ai movimenti)
era sempre chiusa,
una delle guerre tacite e continue tra me e
mio padre che preferiva ignorare
la veduta adombrata di alberi, prato in pendenza,
strada poco trafficata.

Sogno però uno spazio modificato,
arredi sconosciuti,
configurazione insensata.
Mi metto a sistemare,
spostando facilmente un divano leggero,
anche un letto su cui, penso,
mia madre potrebbe stendersi
comodamente davanti alla tv.

Continuo presa dalla trasformazione benché
sarò in ritardo, avrò qualche appuntamento.
Solo al risveglio mi ricordo
che quel soggiorno
buio e contestato
è stato tempo fa svuotato
per diventare tana
di un'altra famiglia.

Tu, Octavio
avrai dimenticato
di quel giorno
dopo la festa
di una bambina
di nome Luna.
La madre aveva invitato
tutta la classe
a pranzo in un ristorante
all'angolo al primo piano.

Tu, schivo,
visto quel chiasso
hai deciso
di stare lontano.
A un certo punto
hai pianto
a differenza degli altri
impazziti, uniti,
dentro uno sciame
di palloncini.

Per strada innervosita
ti ho rimproverato,
ho perfino rifiutato
di prenderti la mano.
Ti ho lasciato
in lacrime, confuso, respinto.
Primo fallimento materno
di cui ancora mi vergogno.

Impecorirsi si dice:
accodarsi agli altri
come animali.
Oggi ti spingo a fare il contrario
quel giorno però speravo
che tu entrassi spigliato
in quello sciame
variopinto
riconoscendomi troppo
in te.

Mio zio, ricoverato,
farnetica in una città lontana
senza voglia di vivere.

Una volta dipingeva, canticchiava mentre
disegnava manifesti e
copertine dei libri.

Bell'uomo, cappelli[45] voluminosi.
La sera altri artisti
passavano a salutarlo, chiedere consigli.

Rapporti splendidi tra di loro,
sfoghi, sigarette, risate,
scambi vitali.

In un altro continente
mia madre fa fatica a capire
che fine ha fatto il suo fratellino.

Mi telefona, mi dice:
secondo tuo cugino i piedi dello zio
sono ormai da scheletro.

Tante distanze attraversate
per poter organizzare anche qui
la festicciola di Noor,
per tenere in vita un rametto
già strappato
della sua infanzia.

Torta ritirata come prima,
preparata poi pesata
in Via della luce,
incartata e portata
cautamente su.

Sei ragazze in casa,
due buste di patatine,
tre materassi buttati per terra.
Una notte per spezzare le altre,
per saldare due tempi estranei.

Vorrei limitare il più possibile
le parole dedicate alla voce stralunata
quel giorno al telefono.

Senza sentirmi urlava,
strazio suo che mi pervadeva, precipitava
dall'orecchio al petto.

Aspettavo una barca, sul molo mancava ombra.
Era luglio, le due passate in Sardegna.

Avevo già scambiato due parole con mia sorella
sfinita dopo la lunga settimana in ospedale.

Non ascolta, si rifiuta di inghiottire le pillole.
Lascia stare, falla riposare.

Parlavamo di nostra madre appena dimessa e
stesa sul divano sotto la coperta.

La voce però mi sconcertava, mi sembrava sbalestrata, in qualche maniera posseduta.

Sull'isola ho messo a posto la casa affittata, cibo comprato a vanvera al supermercato vicino a Cagliari.

Pensavo di starci una settimana prima di tornare indietro come si deve.

L'unico piacere è stato il gesto fiducioso nella camera da letto di appendere i vestiti estivi lungo la parete.

Noor scalpitava per fare un bagno, abbiamo messo quindi i costumi la piscina affollata a quell'ora.

Invece ho nuotato con Octavio nel mare pieno di alghe scure verso la chiazza verde.

In acqua un'amica di Caterina m'ha salutato e raccontato una cosa mentre galleggiava infreddolita.

Parlava di un incidente
dopo il quale sua figlia
non riusciva a camminare.
Che sfortuna ho detto in imbarazzo
e lei mi ha corretto
che tragedia.

Rimproverata sono uscita dall'acqua. Squillava il cellulare.

Senza asciugarmi ho risposto. Era una mia cugina: *torna subito.*

Tutta la serata a fare i biglietti, complicato lasciare quel posto ché era domenica.

Dopo cena mi ricordo di aver pianto nelle braccia di una donna sconosciuta.

In barca all'alba fino all'aeroporto la pena di ripartire, la paura di non arrivare in tempo.

Scalo per forza a Roma per prendere il passaporto e fare l'altra valigia.

Da noi in quei giorni c'era una mia amica con la
sua famiglia, in vacanza anche loro.

Ho chiesto scusa, che dispiacere tornare e
incrinare la loro settimana spensierata.

Hanno proposto di lasciarmi sola, di fare due
passi, gli ho chiesto invece di farmi compagnia.

Cosa pensava la figlia che leggeva e disegnava
mentre aprivo e chiudevo i cassetti?

All'ospedale oltre oceano mi aspetta più morta
che viva, sembra buttata sotto un treno.

Invece mi disturba di più
mio padre seduto in sala d'attesa.
Non mi accompagna a vederla. A vedermi
approdata dopo tutta quella strada
dice poco, continua a leggere
la settimanale[46] a cui era abbonato da mezzo
secolo.

Secondo i medici un'emorragia del genere di
solito uccide.

Mia madre resiste, si trasferisce in clinica vicino a casa nostra.

Per una settimana le porto da mangiare mentre mio padre appena pensionato va in biblioteca.

Un giorno esce senza avvisarmi, senza estrarre la seconda macchina.

Garage difettosamente stretto: manovra ostica e proibita che sapeva fare solo lui.

A cinquant'anni lo sfido senza graffiare lo sportello o storcere lo specchietto.

Schiaccio però con la gomma sinistra una latta di vernice, rossa.

Era appoggiata ai margini di quel vano angusto. Si forma una pozzanghera.

La tinta cruenta chiazza la gomma, lascia un'impronta sulla pece.

Massacro ambientato direttamente sotto il divano
su cui mia madre grondava sangue.

Faccio del mio meglio per levare le tracce
a quattro zampe come un cane, come
Clitemnestra.

«Ad A.»[47]

Senza un soldo
a Natale quell'anno,
scriverne mi brucia il petto.

Sotto l'albero hai aperto
il mio regalo da bancarella,
affare sciocco per sistemare le monete,
e hai chiesto
a che serve, questo?
Solo che mi ero immedesimata in quell'oggetto.
Non ricordo più la mia reazione,
solo il disagio degli altri
che attendevano alla scena
e la mia posizione nel bagno
il corpo rannicchiato attorno
al piedistallo del gabinetto.
Volevo solo che quel grembo
ceramico mi toccasse il viso.

A gennaio sei stato tu
a mandarmi in una busta bianca a Boston
l'assegno per pagare la signora[48]
che mi aspettava una volta alla settimana.
Andavo di sera, verso le otto se non sbaglio.
Al di là del fiume della città rigida,
L'edificio brutalista si trovava
nel quartiere dove avevo trascorso
il terzo anno della mia vita.
Ero sconfortata anche allora?

Anni dopo a Roma
apro la scatola
per decorare l'albero,
rito tutt'ora che richiama l'abisso,
Non riesco ad accendere neanche le luci
senza incagliarmi in quei tempi,
le buste indirizzate ogni mese
a Naples Road[49]
che mandavi
per curarmi.

Canovaccio regalato da Octavio
stampato di dolci tipici,
pastiere e panforte
«le golosità italiane»
c'è scritto in alto.
Di cotone, sfondo una volta bianco.
Serve per le mani e per i piatti
e per non scordare
il viso di mio figlio
a dieci anni
appena sceso dal Pullman
dopo una gita assai amara
a Pompei.
Le lacrime, a vederci,
riempivano gli occhi,
era sconvolto,
in albergo l'avevano tormentato.
Chiaro che la ferita
lo avrebbe segnato tutta la vita.
A casa ci ha donato un telo allegro

scelto e comprato senza rancore
da qualche venditore
per genitori incapaci
di proteggerlo.

Una volta da noi
si fermava tutto
se un raggio di sole
beccava un mio gioiello,
o l'anello o l'orologio
proiettando alla parete
un pianeta tremolante.
Se sbalzava e zigzagava
scatenato per la stanza
i ragazzi gridavano di gioia
impazziti tanto quanto
quel fenomeno transitorio.

Il giorno dell'Epifania a Roma
troviamo in onda *Il dottor Živago*[50]
la cui colonna sonora
ascoltavo spesso
nel tempo della mia infanzia.

Dimorava tra le numerose bobine
del tuo registratore Akai,
oggetto pregiato e magico
che padroneggiavi solo te,
che conteneva i saluti fervidi
dei tuoi parenti,
salvagente che ti suscitava
tanta angoscia quanta euforia.

Mettevi quella musica
sempre altissima – eri una sorta
di Achab matto –
in modo da far vibrare le pareti
e far sussultare anche me,

come se esplodesse ogni volta
un vulcano dentro la stanza.

Conoscevo la colonna sonora
a memoria prima di vedere il film,
mai in sala, sempre in tv.
E avevo la stessa età del dottore, circa,
quando si svolge il funerale della madre,
scena che metteva in chiaro
che anche tu, pur seduta lì accanto
te ne saresti andata un giorno,
che avrei sentito anch'io
quell'abbandono.

Con quella musica mi hai fatto
conoscere la sofferenza,
cosa che fa parte del mio lessico famigliare:
basta qualche nota del tema di Lara,
la balalaika malinconica oppure l'orchestra
sentita e ripetuta infinite volte
per ritrovare a un tratto
paesaggi sconfinati, passioni,
casa gelata e disabitata
condizione esule
lotta comunista

cotta che avevi per l'attore egiziano
emozioni e lacrime
che ti davano inspiegabilmente
conforto, che mi spaventavano.
Antichi rapporti nostri,
legami indissolubili.[51]

Sogno di nuotare
dopo molto tempo
in acqua limpida,
una sorta di caletta
da dove si vede la terra.
C'è gente, non troppa,
è settembre e mi chiedo
perché non frequentiamo
più spesso il mare,
rammaricata che
la vita mi sfugga.
Octavio e Noor
mi si aggrappano
entrambi alla schiena
reggo l'uno e l'altra
perciò non riesco
a fare le bracciate.
Eppure mi muovo
con la testa fuori dell'acqua
guardandomi attorno

finché non raggiungiamo
una sponda scivolosa.
Di là di un'apertura c'è
uno scorcio di oceano,
dei bambini che corrono
felici davanti alle onde.
Mi emoziono a riconoscere
questo luogo intravisto
e visitato solo nei sogni.
Ci vuole una nuotata faticosa
dopo un tratto a piedi
per un sentiero segreto.
Stavolta però mi accorgo
di una falange di persone
al largo in piedi sulle tavole
a sorvegliare la costa,
formazione grazie alla quale
la visione si trasforma in sciagura.
Sono in tanti in tute nere.
Uno si tuffa in acqua
ed emerge col corpo
fiacco di un ragazzo biondo.
Mi sveglio prima di capire
se fosse morto e di sapere

sul giornale al mattino
della ragazza buttata
dal sesto piano.

Lo zio artista ci lascia
il primo di marzo.
Sto andando in palestra
quando arriva la notizia.
Sul cellulare mentre passa il tram
sento mio cugino a Calcutta.
Negli ultimi giorni, dice,
aveva smesso di parlare,
aveva accettato cucchiaiate dell'acqua
dalla nuora che sgridava.
Ronza la casa in sottofondo,
la morte porta chiacchiere, parapiglia.
Tocca a me informare mia madre.
Aspetto la sua mattina e risponde
mio padre ma lei ancora a letto
intuisce e ascolta segretamente
su uno dei vari telefoni
sparsi per la casa, vecchio vizio suo,
e quando dico che c'era ancora il corpo
si frappone e si scatena dal ventre
un gemito animalesco.

Per placarla le racconto un sogno recente
di lei con lui, la zia, mio cugino,
erano venuti finalmente a trovarla
in America, in Rhode Island,
erano seduti emozionati
davanti all'oceano dove mia sorella
faceva un bagno da sola,
aria cristallina, tagliente, scena felice
mai realizzata da cui
mi ero svegliata rasserenata.
Piange di essere diventata « sorella unica »
contraddizione in termine.[52]

PEREGRINAZIONI

Avrei voluto capire fino in fondo
senza alcun dubbio
chi nella casa affittata a Creta
avesse mangiato quella pera
in maniera così rispettosa e perfetta
lasciando il torsolo
scarno e simmetrico
nel posacenere sul tavolino
mentre noi quattro riposavamo
in due stanze separate
per evitare le ore più calde.

Resta altrettanto arcana
una vicenda in barca.
Dopo una navigazione notturna
mi ero alzata ansiosa
per controllare la cabina dei ragazzi
la cui porta avevamo sicuramente chiuso
prima di andare a letto.
Dormivano sotto la prua
solo che la porta era spalancata,

tenuta ferma da un gancio lucido
per evitare che sbattesse e desse fastidio.
La cabina era piena di luce,
il lenzuolo sgualcito era diventato
una sorta di cima bianca
che legava confusamente i due corpi.

Lungo la costa orientale (mai vista)
passo in fretta in treno
andando indietro
sempre allontanandomi
dai giunchi affilati,
dal mare tenue – un po' torbido –
e dalla gente in acqua e in spiaggia
(insieme a qualche macchina posteggiata sulla
sabbia).
Si gode, ciascuno, una calda domenica assolata
a fine settembre
sagome fisse – a me sembrano –
davanti a un loro infinito.[53]

Finalmente il piacere
di tornare poi lasciare
alla stazione della mia infanzia
mio padre che trascina la valigia fino al binario
mia madre che mi guarda serena dalla macchina
per evitare le pozzanghere.
Salgo sulla carrozza
e ritrovo il paesaggio frastagliato
coperto di neve
casette di legno
calette
promontori privati
a due passi, inavvicinabili.
La ferrovia sfiora l'oceano
sotto il cielo alabastro
che rende scuro
un ruscello irrequieto.

Ammiro in aereo
due donne
sedute appena
davanti e dietro di me.
Una magra, struccata, avvolta
in un poncho nero con la frangia fitta –
le dona quel tendone funebre –
e nei capelli lunghi e scompigliati.
L'altra bionda, più attenta
stivali alti di camoscio
coda bassa di cavallo alla nuca.
La prima, assorta, non parla.
La seconda invece
scalpita tutto il tempo,
prima perché non le fanno usare il bagno
durante il decollo
poi perché un signore
appena atterrato
si mette bruscamente in piedi per sbarcare
perciò mormora *che cavolo di modo*.

Borgo Pinti sembra scolpita
da una traiettoria d'acqua preistorica
stretta e sinuosa
scevra di traguardo.
Sentiero grigio introspettivo
marciapiede snello e rigido
quanto il dorso di un libro
inciso a spina con
frecce a destra e a sinistra.
Alle strisce il signore spilungone
vedendomi indugiare
si spazientisce
domandandomi
sì o no?
Ha detto Pessoa
la morte è la curva della strada.[54]

La signora veneziana
il cui negozio desolato
resta aperto pare
troppo illuminato.[55]
Entro e frugo
davanti alla cassa
tra una selezione
di piccoli cuori di vetro
a vanvera nel vassoio.
Ne scelgo sei diversi,
cinque per le amiche di mia figlia
e l'ultimo, all'ultimo, per lei.
Alla signora, mentre confeziona,
penso di chiedere uno sconto
ma mi trattengo
benché lei mi dia del tu.

A Via Luzzati 8 provo a scegliere
un medico di base per sostituirne
uno scomparso, disponibile all'ultimo
il giorno che Noor che
giocava a badminton
aveva preso dal volano una botta nell'occhio.
Niente di grave, disse, raccontandoci però
del pericolo del Capodanno
e degli occhi persi quando il tappo parte violento.

Mi chiede allo sportello
un contratto di lavoro
e quando rispondo di essere scrittrice
mi guarda poco convinto.
In seguito, scambio di breve durata
intriso di intolleranza.
ASL[56] all'orecchio anglofono
sarebbe anche una parolaccia.

Cosa avrei fatto
scesa alla fermata sbagliata
in un posto sconosciuto
in attesa dell'autista
sotto la pioggia
se non ci fosse stato
un libro da tirare fuori dalla borsa?

Una volta in macchina
perché in lacrime
a vedere le strade
tempestate di foglie gialle, bagnate,
ognuno anchilosato
come un crampo
che sfigura, di notte, il piede?

Al Mar Morto, punto più basso
del mondo, penso a mio padre[57]
al supermercato.

Spingeva il carrello
verso la frutta marcia e scontata,
Mele ammaccate, banane
piene di nei.

Contegno suo, testardo e scrupoloso,
che mi imbarazzava molto.

Anni dopo in un albergo di lusso
inserisco nel mini-frigo
dell'uva sporca e morbida
portate[58] da Trastevere.

Anche questa va mangiata,
prima però separo ogni chicco dal raspo.
Liberati dalla struttura appiccicosa
consumarli è meno faticoso.

Nel deserto arabo
rosso e sterminato
prego che niente
succeda a nessuno.
Sotto le stelle
(mai viste così tante)
spero di sfuggire
alle emergenze:
niente male di testa[59] o
di pancia, per favore
niente febbre alta,
scivolata o ferita,
nessun grumo che
punti verso il cervello
o l'intestino, nessun
batterio cattivo.
Dentro la tenda
sferzata dalla sabbia
color paprika
tengo d'occhio
le sciagure e aspetto

che il vento si calmi.
In quel silenzio assoluto
credo in dio, supplico
quel cielo caotico
che fino all'alba
il malessere abbia pazienza.

Una volta mi emozionava l'aeroporto,[60]
territorio transitorio di nessuno
a cui appartenevo anch'io.

A Fiumicino però ogni tanto
sto malissimo, tradita dal passaporto, dal volto,
classificata in un secondo solo.

Crepuscolare mi pare
il controllo di sicurezza,
togliendomi l'anima insieme alla scarpa.

Acqua lustrale il profumo
made in Italy che spruzza la signora
importuna a caccia di ogni forestiera.

Così divento un defunto,
non esiste l'autrice di questi versi,
viene annientata dalle loro conclusioni.

Quel *Taxi, Lady* al rientro
per riportarmi a Via Dandolo
chiude il cerchio.

Paesaggio inglese parabole
basse erba verde vivace
mantello pallido cielo indeciso
divulga dubbi. Prima fioritura
a tratti sui rami.

Mandava il figlio di sei anni
alla stessa scuola di Noor
la mamma di un bambino
persa nello schianto
sei minuti dal momento
del decollo da Addis Abeba.
Leggo della tragedia in piazza
prima di fare la spesa con i soldi prestati
da Liana per non farmi risalire a casa
visto che avevo dimenticato il portafoglio,
particolare che forse non c'entra, che serve però
a dare rilievo al senso di vivere.
Ero in viaggio lo stesso giorno,
e sulla pista mi terrificava
il vento che spingeva l'erba lunghetta,
sembrava fumo che fuggiva all'inferno.
Abbiamo aspettato parecchio,
l'aereo davanti a noi
nel prendere quota
aveva colpito un uccello
e bisognava pulire il detrito.

C'era anche un insetto
che svolazzava dentro,
intorno al mio posto,
svegliato dal motore.
Per evitare il fastidio
ho abbassato cautamente il pannello
del finestrino incastrandolo
in quell'ovale
davanti al vuoto.
Stai attenta aveva detto mia madre
dopo che ero arrivata a Londra, città natale,[61]
all'inizio della settimana.
Parlava di una specie di vento
che portava via le persone.

L'albergo di Ravenna
a due passi dalla tomba di Dante
era una volta un orfanotrofio.

Sento l'aria dell'abbandono
anch'io appena entrata nella stanza
per appoggiare la valigia.

Durante la permanenza in quella città in pianura
un mobile amato a Brooklyn viene rubato.

Bell'oggetto di legno, specie di trono
che ci salutava nell'ingresso
con ganci di ferro per accogliere il cappotto.

La panchina, su cui quasi nessuno si sedeva
custodiva il groviglio di sciarpe e cappelli
variopinti quando i ragazzi erano piccoli.
Uno specchio di vetro intaccato
a forma di diamante era posizionato
per riflettere male chi si guardava un attimo.

È stato venduto per sbaglio (dalla nostra inquilina
sotto trasloco che smaniava di sbarazzarsene del
tutto)
a due studenti di Medicina dietro l'angolo.
Io di ritorno di passaggio novembre scorso
ho notato subito l'assenza dell'arredo,
ero salita a consegnare la posta al nuovo
affittuario.

Priva della sentinella che abitava
in fondo alle scale mi è sembrata
una casa sbilenca, alla deriva.

Ho fatto di tutto per ricuperarlo,
giri angosciati di messaggi
inviati da Roma, troppo lontana.

Lo studente l'ha riportato come d'accordo
nessuno però gli ha aperto o aiutato perciò
dopo aver aspettato
un pochino se n'è andato.

Nostro povero Giano lasciato per strada
pigliato da qualcuno che passava.

Sconsolata nell'albergo-orfanotrofio
la telefonata disorientata da mia madre
oltreoceano
mi fa sentire ancora una figlia degenere.

L'ospedale stava dietro le tue spalle
di là dalla vetrata della tavola calda
dove raccontavamo amori
malsani l'una all'altra.

La struttura vasta e grigia
in mezzo alla vallata piovosa
mi incuriosiva perciò
mi sono avvicinata
per chiederti cos'era
ignara del fatto che lì
avremmo trascorso
insieme la notte fonda.

Sarà stato lo scambio
vertiginoso, quell'esumazione
a vicenda a provocare la perdita
repentina delle forze?

Nella stanza piccola
sono entrate delle persone

per portarmi via.
Stivali, la sciarpa –
cosa serviva?
Sono scesa seduta sentendomi
una sposa ebrea. Al bar
allegro, bianco e nero,
mi aspettava la barella.
Sciolti i meccanismi
per sollevare, spostare,
infilare un corpo stremato.

Al pronto soccorso
quello dal volto
quattrocentesco
mi guardava inquieto.
Mi dispiaceva rinunciare
alla coperta di lana
dell'ambulanza.

Io con latebre[62] ero in pensiero
per Calvino ricoverato e scomparso
nello stesso luogo.

Mi eri davanti finché subivo
il malore, lavoravi tutto il tempo
febbrile anche tu.

Non ho più paura
di lasciare Roma
dico a me stessa
pur osservando in terrazza
una specie di vite
invasiva il cui
incremento spaventoso
si attacca implacabilmente
alla lastra di marmo
che la sostiene, che fa
da sfondo funebre,

i cui tralci si allungano come cavi
rossastri dell'alta tensione e
assomigliano alle code brutte
e vitali dei ratti.

La crescita era spuntata
attorno all'albero di Natale
di quest'anno sabbatico
(stecchito entro primavera),

coprendolo. Man mano le foglie
si sono ingiallite, avvizziate[63]
dopo un maggio
particolarmente piovoso.

A giugno persistono
solo i rametti veloci
e ostinati, strisciano
sempre indirizzati,
e se in questi giorni perituri
Alberto mi consiglia di potarli
(taglio che prima o poi farò)
rabbrividisco, che le righe malvagie
si trasformano nelle vene
che si diramano selvatiche
dentro di me.

OSSERVAZIONI

Mai detto al barista
quant'è gradito
il calore del vetro
di un bicchiere
d'acqua fredda
stillante
che mi versa veloce
col dito piegato
intorno al rubinetto.

Fine novembre porta
la pigrizia, forza spudorata
che stronca le abitudini.

Il corpo appisolato
vuol stare fermo,
rallentare e riempirsi
di dolci e del vapore
che sale agitato, arzigogolato,
da una tazza appena versata di tè.

La lampada sul comodino
acceso fino all'ora di pranzo
trasmette languore,
insiste sullo spreco.

Vortice entropico,
santo riposo
senza malessere
perdita benedetta
del controllo.

Domanda o risposta
se alzo la mano mentre dormo?
Perché intervengo,
a chi mi rivolgo?
Gesto imparato alle elementari
per capire meglio, o per replicare a
qualche cosa.
Oggi mi chiedo solo perché
il braccio si sposta in su
finché il sangue non lo raggiunge.
Brutto svegliarmi
e rendermi conto
di quel peso morto,
arto piombato,
zavorra esanime.

Dieci minuti da ammazzare
prima di entrare nel cinema.
Giornata tiepida di dicembre.
Attraversiamo la piazza
saccheggiata a quell'ora
e sbocchiamo in una traversa foderata
di vetrine che provocano
desideri acuti e spontanei:
sfogo acuto d'ispirazione
puramente materialistico.
Voglio tutto:
prurito senza fondo.

Ogni riga è discontinua
Tanto effimera quanto netta
come l'orizzonte ardente
sottolineato dall'alba.

Specie di estasi:
sole invernale
sulla pelle,
negli occhi.

Odiate invece le mele
troppo grandi
che pizza mangiarle intere,
anche la goccia d'acqua
subdola che scorre
(dopo mi lavo il viso)
giù dalla mano
lungo il polso
fino alla piega del gomito.

Se ci fosse una fata
tutta mia
che mi accudisse
e non facesse altro
che spazzare via tutti i fastidi
vorrei che si occupasse della penna
accanto al letto
che mi sfugge ogni volta
che ne ho bisogno.

Certo che sarò anch'io un giorno
come lei che scendeva
sotto la pioggia
con difficoltà in Via Luigi Santini
a passo lento e
con la mano scoperta
che cercava l'appoggio
di un palo stradale
gambo di metallo.
Spuntava sghembo
verso il traffico
come se perfino lui
assai brutto e fisso
avesse da fare.

Il fiume stamattina
battuto dalla tempesta
sembra una piastra
color salvia chiazzata
di isole pallide
e disabitate.

Alle quattro del mattino
ora in cui neanche il buio si tiene
l'universo consiste di tre suoni distinti.

In primo piano il respiro di mio marito
la cui mano è stata punta di recente
da qualche ragnetto.

L'accompagnamento è il ticchettio
dell'orologio sul comodino:
battito benevolo, metronomo
zoppicante della vita.

Il cinguettare dei pappagalli[64]
appena svegli nelle palme
il coro in sottofondo.

Tra le commissioni spinose:
il fax inviato dal tabaccaio
con lo scopo di richiedere in ritardo
miglia mai inserite all'aeroporto.
Che fastidio compilare poi stamparmi
il modulo, attaccare con lo scotch
le due carte d'imbarco conservate.
Non è che riesca mai a guadagnarmi
un biglietto in omaggio
o regalarne uno a qualcuno.
Eppure faccio.

Dopo pranzo, lo stesso giorno
telefonata per correggere
il numero civico sulla bolletta elettrica,
cosa che il portiere, ogni volta che me la consegna
mi consiglia di fare per evitare
problemi in futuro.

Madreperla il cielo di fine anno.
Strato nascosto per poco esposto.
Barlume breve in mezzo alla neve.

Spunta[65]
la mattina in inverno
una seconda montagna sopra i castelli
romani, sembra sullo sfondo, forma cioè molto più alta,
con bordo drammatico, con delle cime e delle vette morbide ma maestose, con la
neve che copre qualche vallata, qualche conca bianca qua e là, spettacolo articolato inesistente.

Ci mette un minuto,
il piccolo cumulo scuro
in forma di dio pagano
appoggiato sul gomito
reclinato languido
come Bacco a riposo
per passare tranquillo,
per tagliare il cielo
tumultuoso.

Stamane al bar
arriviamo per primi prima
del solito
ché sono in partenza.
Porta aperta,
chiuso e spento tutto il resto.
Serranda ancora da sollevare
latte da tirare
fuori dal frigo
grande macchina da far partire
come fosse un termosifone tanto
atteso, finalmente acceso
a Roma a metà novembre.
I cornetti di solito terminati
entro le undici riempiono
lo scaffale di vetro
foderato di carta (unta)
da forno.
Il ragazzo ci accoglie
in quelle tenebre mattutine
ci offre dell'acqua

mentre la macchina si scalda man mano
(*Ecco quella frizzante, arriva il caffè*)
mentre si sistema tutto
Ci parla in tono placato,
ogni gesto accompagnato
da due parole.
A quel banco disabitato,
spaesante, come certi letti sconfinati,
noi due
ci affianchiamo in mezzo spostando
il cestino di zucchero.
Quando paghiamo aspettiamo
perfino che la cassa
si svegli
e fuori il primo
freddo della stagione colpisce.

Note

[1] Più avanti si menzionano una casa di Brooklyn, un viaggio (forse un'infanzia) a Calcutta, un aeroporto di Boston (e poi Siena, Napoli, Milano, frequentissimamente Roma) e altri luoghi che senz'altro non corrispondono a queste città. Compaiono inoltre poeti portoghesi, re tailandesi, arrotini trasteverini e una toponomastica a volte oscura. La geografia sentimentale e biografica di quest'autrice è difficile da organizzare e sfugge alla curatrice, che si limita a segnalare che Londra apre anche la prossima sezione del libro, dedicata alla sparizione di oggetti che abitano, anche loro, luoghi vari.

[2] Nella prima stesura della trascrizione per la mia curatela avevo per sbaglio copiato « chiesta » invece di « chiesa ». Mi era parso che, con un'autrice così linguisticamente eterodossa, fosse difficile rubricare il lemma come banale refuso, abolendo automaticamente la « t ». Una scorsa al Grande Dizionario della Lingua Italiana curato da Salvatore Battaglia mi aveva istruito sui vari usi storici del termine « chiesta », in gran parte legati all'accezione di « richiesta » o, meno intuitivamente, « lamento » (ad esempio in Machiavelli). Pensavo che Nerina avesse adottato un termine poco comune per « piccola chiesa », incluso da Battaglia tra

i possibili significati. Desideravo invece io, forse, rinforzare il gioco fonetico con «rupestre». Questo incidente copiativo ha aumentato la mia attenzione per le grafie inusuali dell'autrice, alla cui lingua mi sforzo di restare fedelissima.

[3] Mi pare che si alluda alla pratica avanguardista dell'assemblage, ossia che abbia a che fare col collage eccetera.

[4] Interessante, qui, che manchi il vero oggetto (un biglietto: «il mese in cui ho assemblato *il biglietto* / per i tredici anni di Noor»). Scomparso dalla camera, deve essere scomparso anche dalla poesia. È evidentemente il mese intero, in forza di sintassi, a poggiare contro i libri della camera di Noor. Di conseguenza è un tempo sterminato (e non solo un brano di carta) a scomparire, sfuggendo al controllo di Nerina, nei successivi versi.

[5] Difficile dire di cosa si tratti. Ritagli di carta o di tempo?

[6] Ecco un primo indizio biografico: un viaggio infantile attraverso l'India. Da questo testo si evince che la madre di Nerina è particolarmente legata alla città di Calcutta, in cui forse è cresciuta.

[7] Questo possibile scoperto riferimento alla tetralogia di Elena Ferrante può aiutare in termini di cronologia. Ma forse Lila, come gli altri nomi fin qui citati, è invece un'altrimenti anonima figura biografica, un dato di realtà.

[8] Ho rintracciato l'ortografia insolita di questo lemma in Dante, *Purgatorio* 12: «*Mostrava ancor lo duro pavimento / come Almeon a sua madre fé caro / parer lo sventurato addornamento*». Mi fa pensare anche al raddoppiamento delle consonanti che rinforza il suono di certe parole nel dialetto romano.

[9] Mi è difficile stabilire se grafie come «in vano» non

univerbato (o, più avanti, a p. 153 « male di testa » senza il consueto troncamento di « e ») siano ipercorrettismi letterari o sviste legate a una scarsa familiarità con l'italiano colloquiale. Più probabilmente, direi, Nerina ha a cuore la radice (latina, scritta) delle parole e delle locuzioni: la sua lingua non è mai del tutto istintiva.

[10] Ho deciso di mantenere questa grafia per il plurale di « valigia » per restituire uno dei rari ma significativi inciampi di Nerina sull'italiano standard. Interessante che occorra a pochi versi dalla domanda « Che cosa mi fa inceppare ancora? » Interessante anche che più avanti (p. 57) la grafia « valigie » compaia nel quaderno.

[11] Nerina è forse consapevole dell'istinto correttorio del suo lettore (in questo caso la curatrice) e gioca. Difficile stabilire se qui si debba correggere in « accettare » o mantenere « accertare ». Un'oscillazione dettata anche dall'ambiguità del termine « fregare » al verso successivo, anch'esso quasi certamente usato nell'accezione materiale, ma senz'altro allusivo di quella popolare e figurativa. « Fregare » torna poi, in questa sezione, alla fine del componimento sull'arrotino, per tradurre (da italiano a italiano) l'accezione evidentemente non italiana di « tagliare la gola ».

[12] Nerina, qui, parla di una donna innominata che traduceva le sue parole in italiano. Ma quali parole, e da quale lingua? L'aggiunta dell'attributo « prima » suggerisce che Nerina fosse tradotta da più di una persona. Fra le righe si intravede che Nerina abbia lavorato in più di una lingua. Di certo si evince da questi versi che, per Nerina, essere tradotti in italiano è un'esperienza trasformativa. Interessante che « rendere » sia anche un sinonimo per « tradurre efficacemente ».

[13] Guardo e riguardo il manoscritto e non riesco a leg-

gere altro che una « a » qui. Chi (che) torna? L'orecchino, o l'esperienza di perderlo? O « l'attimo » del verso successivo? O addirittura la « Primavera » che « non torna giammai » in Leopardi, nella poesia che trascrivo alla nota successiva? Di certo, Nerina avrebbe potuto scrivere « torno indietro » ma la chiarezza della sua grafia non mi permette di emendare.

[14] L'effetto cumulativo in questa sezione – un elenco apparentemente infinito, evocato a vanvera, di preziosi oggetti persi – colpisce non solo per la risonanza tematica di « Sparizioni » ma anche per il richiamo allo pseudonimo dell'autrice nelle *Ricordanze* di Leopardi, nelle strofe struggenti che chiudono la poesia in cui l'autore piange la perdita di Nerina stessa. L'impressione della curatrice è che l'autrice, analogamente, stia parlando non solo della sparizione di certi effetti personali a cui tiene, ma anche di uno smarrimento esistenziale. Sento il bisogno, qui, di riportare i versi pertinenti di Leopardi:

O Nerina! e di te forse non odo
Questi luoghi parlar? caduta forse
Dal mio pensier sei tu? Dove sei gita,
Che qui sola di te la ricordanza
Trovo, dolcezza mia? Più non ti vede
Questa Terra natal: quella finestra,
Ond'eri usata favellarmi, ed onde
Mesto riluce delle stelle il raggio,
È deserta. Ove sei, che più non odo
La tua voce sonar, siccome un giorno,
Quando soleva ogni lontano accento
Del labbro tuo, ch'a me giungesse, il volto
Scolorarmi? Altro tempo. I giorni tuoi
Furo, mio dolce amor. Passasti. Ad altri

Il passar per la terra oggi è sortito,
E l'abitar questi odorati colli.
Ma rapida passasti; e come un sogno
Fu la tua vita. Ivi danzando; in fronte
La gioia ti splendea, splendea negli occhi
Quel confidente immaginar, quel lume
Di gioventù, quando spegneali il fato,
E giacevi. Ahi Nerina! In cor mi regna
L'antico amor. Se a feste anco talvolta,
Se a radunanze io movo, infra me stesso
Dico: o Nerina, a radunanze, a feste
Tu non ti acconci più, tu più non movi.
Se torna maggio, e ramoscelli e suoni
Van gli amanti recando alle fanciulle,
Dico: Nerina mia, per te non torna
Primavera giammai, non torna amore.
Ogni giorno sereno, ogni fiorita
Piaggia ch'io miro, ogni goder ch'io sento,
Dico: Nerina or più non gode; i campi,
L'aria non mira. Ahi tu passasti, eterno
Sospiro mio: passasti: e fia compagna
D'ogni mio vago immaginar, di tutti
I miei teneri sensi, i tristi e cari
Moti del cor, la rimembranza acerba.

[15] Che si tratti di *trance*, nel senso onirico e spiritistico del termine? L'immagine di due *trance* di questo tipo, spesse e condite di prezzemolo, rende questo lapsus (evidentemente collegato ai tranci di pesce) particolarmente surreale, connettendolo con il precedente componimento onirico.

[16] Alberto de Lacerda (1928-2007), poeta portoghese il cui *77 Poems* fu pubblicato a Londra nel 1955 in una edizione bilingue, tradotto in inglese dal sinologo Arthur

Waley. Lacerda teneva corsi di poesia alla Boston University negli anni Novanta ed era un grande appassionato di Fernando Pessoa.

[17] Rimane un dubbio sulla linea di dialogo «che c'è? che c'è?». Nerina potrebbe averla estratta dalla realtà del tram romano — e allora la lingua condivisa sarebbe l'italiano. Potrebbe però, invece, star traducendo per noi da un idioma diverso, condiviso con il ventenne. A far propendere per questa seconda opzione è l'idea, espressa poco sopra, di essere «membro tacito» della conversazione, a differenza degli altri astanti. La lingua sarebbe dunque più probabilmente il bengalese o il persiano, o ancora il portoghese. L'inglese è forse troppo diffuso perché lo si parli in pubblico senza timore di essere compresi, come sembra fare questo ventenne col cappello.

[18] Questa è l'unica occorrenza di «via» con iniziale minuscola, secondo l'uso corretto in italiano. Il resto della toponomastica romana, che compare sovente nella raccolta, presenta «Via» e «Viale» con iniziale maiuscola. È verosimile che Nerina adotti queste grafie in linea con l'uso inglese (o forse di un'altra lingua). Per scrupolo filologico, mantengo quest'unica minuscola originale. Interessante segnalare che nell'edizione anticipata di questo componimento su *Nuovi Argomenti*, per le cure di Leonardo Colombati, «Via» sia invece maiuscolo.

[19] Non è difficile capire il senso di questo lapsus tra facciate e sfacciataggine, specie se si ha presente com'è sfolgorante la luce in via di San Francesco a Ripa, a Roma, che sorge dietro la chiesa di prima mattina.

[20] Questi termini sono stati inseriti con qualche esitazione della curatrice, che ha consultato una propria analisi del sangue per colmare la lacuna nel manoscritto. Nel qua-

derno Nerina lasciava due spazi bianchi, come segue: «... di togliere ______ e ______».

[21] È quasi certo che qui Nerina intenda «capelli». Mantengo tuttavia la grafia, che fa slittare la semantica così minimamente eppure del tutto. Il raddoppiamento intervocalico tradisce forse la romanità di Nerina, che dopotutto a Roma deve aver scritto una porzione cospicua di questo libro. Da non confondersi col raddoppiamento fonosintattico, pure romano, che detta il testo di «Forsennato» a p. 74.

[22] Qui agisce una curiosa memoria bontempelliana – a differenza di altre è esplicitamente fra virgolette.

[23] Cfr. la nota iniziale su questo oggetto effettivamente ancora custodito tra le pagine del quaderno. La mia impressione è che non sia poi così ingiallito, e che all'autrice piaccia insistere sul dettaglio coloristico per fare eco ai molti altri gialli e ori nel testo.

[24] Torna qui la questione dei ritagli, che ben si lega al tema appena trascorso della sparizione, dell'ansia del perdere, del salvare. Sono forse, tutte queste poesie, ritagli nel quaderno di Nerina?

[25] Il riferimento è a Sears, Roebuck & Company, la grande catena statunitense di una volta che pubblicava enormi cataloghi di oltre 500 pagine nei quali offriva, tramite illustrazioni e poi fotografie, una vasta gamma di prodotti compresi abbigliamenti, mobili e giocattoli. Chissà se Nerina, amante di ritagli, ne strappava delle pagine per fare degli album così come Macabea, la protagonista vergine, solitaria e assai schiva dell'*Ora della stella*, l'ultimo romanzo di Clarice Lispector pubblicato nel 1977, due mesi prima che morisse.

[26] Direi che, al contempo, le scarpe sono di color oro, e

sono oro dimenticato sul sedile. L'accordo tra i due aggettivi, che rende il primo potenzialmente un nome, permette a questa poesia di connettersi a quella immediatamente sopra sul giallo e a quelle della sezione precedente su gioielli e preziosi rubati dal diavolo, dai maglioni e dai malintenzionati. Vedi poi «Sbolognare» a p. 90.

[27] In questa sezione, il tasso di gioco linguistico travestito da refuso o lapsus sale vertiginosamente. Qui evidentemente «compaiano» è un calembour che combina «comparire» e «paio», giacché il paio di omografi «ambìto» e «àmbito» compaiono, appunto, di seguito nel vocabolario.

[28] Qui non so dire, devo ammettere, se Nerina avesse scritto Solaria o Salaria. Valerio Magrelli, leggendo in bozza, mi ha segnalato il probabile refuso. Che sia un refuso freudiano di Nerina? *Solaria* d'altronde è la rivista fiorentina (1926-36) su cui pubblicavano tutti gli ermetici, una piattaforma cruciale per Montale e Ungaretti, un circolo che era antipatico a Saba. Certo distante da via Salaria a Roma, una strada statale su cui Nerina verosimilmente ha guidato o passeggiato più di una volta.

[29] Trovo questo componimento di un solo verso alla fine del mio lavoro di curatela. Inizialmente mi pareva un appunto, non una poesia: scritto con una penna diversa pare a caso nel mezzo del quaderno, quasi nascondendosi. Mi sembra opportuno innestarlo in questa sezione.

[30] Qui «ciò» è forzato in un ruolo grammaticale che non gli compete. Se dovessi tuttavia emendarlo, non saprei come non riscrivere l'intera strofa. Lascio dunque questa lezione, che d'altronde forma una ritmata terzina con due novenari isometri e un battente endecasillabo a maiore.

[31] Qui Nerina attribuisce un aggettivo desueto per de-

scrivere il metallo prezioso senza residuo a Primo Levi (1919-1987). La citazione infilata nelle ultime righe si trova nel capitolo « Oro » del *Sistema periodico.*

[32] Qui direi che il gioco anagrammatico è tra « passamaneria » e « maniera », specie considerando l'assai manieristica e addirittura barocca sciorinatura di possibili significati letterari, metaforici, tecnici e scientifici per il lemma in questione.

[33] Considerato il nome della figlia, non è da escludersi che Nerina sia di madrelingua persiana, appunto, o che sia cresciuta bilingue (forse tra persiano e inglese?).

[34] Una delle parole incluse nella lista fuori testo. Forse dunque un possibile titolo? Vedi nota filologica, pp. 20-21. In ogni caso da notare l'attenzione dell'autrice non solo per i significati ma anche per la storia dei lemmi: simili informazioni di lessicografia non si trovano in comuni dizionari. Più avanti si cita l'illustre Devoto-Oli, ma qui è verosimile che l'autrice abbia consultato ancora il GDLI di Salvatore Battaglia.

[35] Interessante l'accordo mancato tra soggetto maschile (« cammelli ») e attributo al femminile. Lo emenderei come refuso, cambiandolo in « liberi », se al verso successivo non si ripetesse in « sbiadite ». Qui forse Nerina stuzzica un problema della morfologia italiana: esiste un femminile di cammello? Sarebbe davvero più corretto scrivere « cammelle [...] libere »? Si sa che, all'orecchio dei non-nativi, il genere di parole che identificano animali e oggetti è tra gli aspetti più oscuri e apparentemente arbitrari delle lingue romanze. Più avanti, nella poesia « Scartabellare », un simile cortocircuito interessa la parola « pagina », sottintesa all'ultimo verso ma sostituita da « uno » invece di « una ». Lì però il gioco è probabilmente tra la declinazione femminile

« una » e l'indeclinabile numero « uno » che compare, appunto, su ogni prima pagina.

[36] Qui « intatto » è soprascritto a « fugace ». O almeno così sembra: ammetto di trovarmi di fronte una *crux* del testo. In forza di rima interna opto per questa soluzione, ma credo sia necessario segnalare la variante.

[37] Una parola chiave in un'opera che ricalca il tema della perdita.

[38] Qui si complica ancora di più la valenza emotiva dell'oro, ripetutamente perso e poi intensamente ricercato nel testo.

[39] « Cioè » è un altro calembour: sta per « ciò è » credo. Da supporre che Nerina giochi con la tipica interiezione romanesca « cioè » usata appunto dai giovani sgamati.

[40] Da cui nasce il titolo che la curatrice ha deciso alla fine di dare a questo testo.

[41] Qui Nerina, sempre con un occhio alla tradizione classica, cita Yeats traducendolo in italiano. Difficile desumere dal componimento se abbia studiato in un paese anglofono, se abbia studiato letteratura inglese in Italia o altrove, o se abbia studiato Yeats in un'altra lingua. L'incertezza sintattica del distico immediatamente successivo, con l'emblematico « che » polivalente, corona l'enigma, assieme al mancato congiuntivo (d'altronde non strettamente necessario) nella strofa successiva.

[42] Qui come altrove Nerina cita Leopardi, cui forse deve il proprio nome o pseudonimo o senhal. Gli scherzi della memoria tematizzati in questi versi (indicati come « righe » dall'autrice, forse per anglismo) aprono a una sezione del libro meno giocosa e più gravemente introspettiva. Torneranno sia le inquietudini degli oggetti smarriti che

i lacci pestiferi del linguaggio, ma in una sorta di lirica saga familiare di inciampi e incidenti dispersa tra mercati romani, cortiletti nordici (forse americani) e brani d'India, Boston e Pompei. Alla Leda di Yeats e Ovidio faranno eco la Colchide degli Argonauti e di Pasolini, o la Clitemnestra di Eschilo e Savinio, in un ininterrotto dialogo con fonti letterarie occidentali senza troppo precisi cronotopi.

[43] Il colore di questo oggetto insieme alle scarpe gialle a p. 62 richiamano i vari oggetti d'oro nel testo.

[44] Disorienta che l'oggetto per questa madre senz'altro non italiana emerga dalle bancarelle attorno a cui si raduna l'intera toponomastica che ricorre in gran parte della raccolta, in fondo soprattutto romana. Segnalo che se avessi dovuto scegliere io, in quanto curatrice, un titolo per il libro, avrei forse scelto proprio *Porta Portese*. Il mercato, crocevia di oggetti desueti persi e ritrovati, è una metafora molto convincente per questi versi. Il nome poi, legato all'elemento architettonico che collega stanze nella casa e aree nella città, è particolarmente appropriato. Porta Portese non è distante dalla casa in cui ho trovato il quaderno su cui quest'edizione si basa, e non escludo che la splendida scrivania da cui lo estrassi provenga da quei banchi.

[45] Anche qui, come in precedenza, Nerina quasi certamente intende «capelli». Eppure di nuovo questa minima oscillazione mi pare da mantenersi. Non è impossibile del resto che questo zio lontano e aitante indossasse grandi cappelli. Da segnalare che, in quanto a dati di realtà nudi e puri, l'autrice ci conceda solo i limiti estremi di quest'uomo, dai piedi scheletriti ai capelli o cappelli sul capo.

[46] Non emendo l'articolo femminile giacché qui il sostantivo sottinteso è probabilmente rivista, non giornale o periodico.

[47] Sospetto che qui si riferisca a un parente sia protettivo sia elusivo, addirittura il padre di Nerina. Sarà comunque il terzo personaggio maschile con il nome che inizia con la stessa lettera, dopo il marito Alberto e il poeta Alberto de Lacerda.

[48] Un'insegnante? Un'impiegata di qualche tipo? Forse piuttosto una terapista, una psicologa con appuntamento settimanale.

[49] Da notare, sulla scia dell'interesse di Nerina per le coincidenze, l'aria d'italianità di quest'indirizzo. Avendo io vissuto a Boston, posso segnalare che una strada con questo nome esiste nel quartiere di Brookline. Curioso che il quartiere stesso si chiami quasi come Brooklyn, l'altro in cui l'autrice sembra aver vissuto (vd. p. 41)

[50] Sembra di poter concludere, dai dati forniti in questa poesia, che Nerina sia (o sarebbe) più giovane di quanto non sembrasse a me dalla fotografia recuperata nella sua scrivania. La memoria della colonna sonora del *Dottor Živago* individua infatti un'infanzia negli anni Sessanta. Il registratore a bobine Akai menzionato poco più avanti corrobora l'ipotesi. Il resto della poesia evade invece ogni cronologia.

[51] Questa citazione intessuta nel testo viene dal *Lessico famigliare* di Natalia Ginzburg.

[52] Forzando la tipica locuzione italiana (« contraddizione in termini »), l'autrice parla di una contraddizione terminale, sbocciata solo alla fine – e non solo nelle parole. Per farlo, mutando i « termini » in « termine », compie nella lingua quel che accade nei versi: un passaggio, appunto, dal plurale al singolare. La grammatica è dunque struggente, e significativamente la parola forzata chiude il ciclo. La sezione successiva investe più di ogni altra sull'euforia geo-

grafica della misteriosa vita dell'autrice, il cui corpo viaggiante è già comparso poche poesie prima di quest'ultima e i cui luoghi molteplici e distanti sono già stati quasi tutti nominati – eccetto che per quelli desertici, che appaiono qui all'improvviso.

[53] Sarebbe un ulteriore e palese richiamo leopardiano.

[54] Riporto le righe di Pessoa a cura di Luigi Panarese: «*La morte è la curva della strada / morire è solo non esser visto. / Se ascolto, odo il tuo passo / esistere come io esisto*».

[55] Assumendo che la grafia di «illuminato» sia corretta, l'unica lettura grammaticale di questi quattro versi evoca un negozio illuminato e una signora che «pare» (e dunque appare) come la Beatrice del celebre sonetto di Dante, «Tanto gentile...».

[56] Non serve forse rivelare a quale parolaccia inglese si riferisca l'autrice. Mi pare utile però segnalare che si tratta probabilmente della versione americana della parolaccia, visto che quella britannica andrebbe semmai abbreviata in ARSL. In ogni caso resta incerto se l'inglese sia poi davvero la lingua nativa dell'autrice, che tuttavia di certo possiede un «orecchio anglofono», mantenuto nelle sue peregrinazioni italiane.

[57] Cancellato nel quaderno: «penso a Baba al supermercato». *Baba* è l'appellativo affettuoso usato dai figli nel Bengala occidentale verso l'uomo che li ha generati. Nella versione definitiva Nerina decide di usare il termine generico anziché una voce del linguaggio infantile.

[58] L'uva offre a Nerina l'opportunità di giocare ancora una volta coi misteri di genere e numero. In particolare, invece di accordare il participio al singolare femminile di «uva», appunto, lo pluralizza come si farebbe, ad esempio, in inglese, senza cambiare il genere. Tuttavia nella strofa

successiva mostra di sapere che « uva » è sineddoche di unità maschili, i chicchi. Curioso che la frutta (sparita, mangiata, ammaccata) abbia un ruolo non secondario in questa raccolta, comparendo in diverse poesie. Detto questo, « portate da Trastevere » potrebbe avere il doppio senso della rilevanza del quartiere per Nerina, nel quale chiaramente si alimenta.

59 Cfr. la nota a p. 186. Inoltre, è bene considerare la locuzione italiana « niente male ». D'altro canto, c'è qui un evidente riferimento al Male, che si manifesta nei piccoli malesseri ma non è piccolo affatto.

60 Il fatto che l'abbreviazione di « aeroplano » sia « aereo » e non « aero » (o viceversa che si dica appunto « aeroplano » e non « aereoplano ») mi ha sempre colpita. Mi domando se a Nerina (come a molti parlanti nativi d'italiano, d'altronde) sfuggisse questa strana regola, che distingue il velivolo dalla prima persona del verbo « aerare ». Ammetto di non aver emendato questa grafia come refuso solo per poter aggiungere la presente nota. Più avanti nella stessa poesia lo scempiamento di « pannello » in « panello » è pure un interessante errore: un panello è un piccolo pane, naturalmente, o un blocchetto di residui della spremitura di semi oleosi che si usa come concime o carburante.

61 Chi è nato a Londra, Nerina o sua madre? Indecidibile. Più avanti, nella poesia successiva, una casa di Brooklyn evidentemente vissuta a lungo dall'autrice genera ulteriore confusione: non era a Boston che aveva trascorso la maggior parte della sua presumibile vita americana?

62 L'uso di questo termine desueto e ricercato è sorprendente. A una prima occhiata, sul quaderno mi era parso di leggere « la febbre », ma una più attenta analisi della grafia rivela senza dubbio la parola « latebre », usata da

Tasso e Leopardi – quest'ultimo, in particolare, per designare le caverne in cui si rifugiò Eco. Una latebra non è necessariamente un nascondiglio materiale: può essere un recesso della mente, una piega nella memoria. La poesia, evidentemente ambientata nell'ospedale senese dove Calvino si spense, allude dunque forse al pericolo di ricordare e di confessarsi, sebbene tra amiche.

[63] Tornano i portmanteau di Nerina, questa volta mescolando «avvizzite» e «viziate». La *lectio facilior* di un congiuntivo esortativo di «avvizzire» alla seconda persona plurale (rivolto forse alle foglie medesime) è infatti inverosimile considerando il contesto. Con questa poesia si conclude la sezione forse più tragica e impensierita della raccolta, che prosegue con l'allegretto di componimenti più occasionali e incantati, spesso avvolti nei vapori dei bar cari a Caproni.

[64] Il vocabolario Treccani, con un'apposita finestra di approfondimento illustrata, mi suggerisce che il verso dei pappagalli dovrebbe propriamente dirsi garrito o squittio, non cinguettio. Non so dire se Nerina avesse presenti simili sofisticherie, ma mi piace pensare che avesse in mente (oltre ai sorprendenti pappagalli che appaiono incongruamente in ogni angolo di Roma, come si fosse nella giungla) le gazze e i corvi che cinguettano in greco a Septimus nella *Signora Dalloway* e nel sonetto XVIII di Burchiello.

[65] Mantengo nell'edizione la disposizione di questi versi che ho trovato nel quaderno. Mi domando se Nerina conoscesse i calligrammi di Apollinaire, o se questo raro tentativo di far corrispondere il soggetto della poesia con la sua forma nella *mise en page* sia più semplicemente giocoso. Da considerare anche il fatto che, poche poesie più sopra, l'autrice sembra citare un famoso titolo di

Nanni Balestrini, *Vogliamo tutto*, coniugandolo al singolare. L'ironico riuso del motto politico in quel contesto potrebbe tradire una conoscenza degli esperimenti iconotestuali del Gruppo 63, cui ascrivere magari anche questo testo.

INDICE

ACCEZIONI

Questo libro è stampato col sole

Azienda carbon-free

Fotocomposizione Editype S.r.l.
Agrate Brianza (MB)

Finito di stampare
nel mese di giugno 2021
per conto della Ugo Guanda S.r.l.
da Grafica Veneta S.p.A. di Trebaseleghe (PD)
Printed in Italy